Vente du Mardi 27 Janvier 1880,

HOTEL DROUOT, SALLE N° 8

DEUX SÉRIES

DE

BELLES TAPISSERIES

ORFÈVRERIE

BEAU PLAFOND ET PEINTURES DÉCORATIVES

MEUBLES, SCULPTURES

EXPOSITIONS

PARTICULIÈRE	PUBLIQUE
Le Dimanche 25 Janvier 1880.	Le Lundi 26 Janvier 1880

COMMISSAIRE-PRISEUR

M° CHARLES PILLET

10, rue de la Grange-Batelière

EXPERTS

M. CHARLES MANNHEIM   M. FÉRAL, PEINTRE
7, rue Saint-Georges.   54, Faubourg-Montmartre.

CATALOGUE

DE

DEUX BELLES SÉRIES

DE

TAPISSERIES ANCIENNES

L'une à sujets mythologiques, l'autre à sujets d'après Téniers;

BEAU PLAFOND

ET

PEINTURES DÉCORATIVES

Consoles et Glaces avec cadres en bois sculpté et doré du temps de Louis XV;

BELLES PIÈCES DE SURTOUT EN ARGENT CISELÉ;

Service de table en argent;

Sculptures en marbre

DONT LA VENTE AURA LIEU

HOTEL DROUOT, SALLE N° 8,

Le Mardi 27 Janvier 1880,

À trois heures

Par le ministère de M^e **CH. PILLET**, Commissaire-priseur,

10, rue de la Grange-Batelière;

Assisté pour les Objets d'art, de **M. CH. MANNHEIM**, Expert, 7, rue Saint-Georges;

Et pour les Peintures, de **M. FÉRAL**, peintre-expert, 54, Faubourg-Montmartre.

Chez lesquels se trouve le présent catalogue.

EXPOSITIONS :
Particulière. Le Dimanche 25 Janvier 1880,
Publique. Le Lundi 26 Janvier 1880,

DE UNE HEURE A CINQ HEURES ET DEMIE.

CONDITIONS DE LA VENTE

Elle sera faite au comptant.

Les adjudicataires payeront *cinq pour cent* en sus des enchères.

L'exposition mettant le public à même de se rendre compte de l'état des objets, il ne sera admis aucune réclamation une fois l'adjudication prononcée.

Paris. — Typ. PILLET et DUMOULIN, 5, rue des Grands-Augustins.

DÉSIGNATION DES PEINTURES

VERKOLJE

(NICOLAS)

1 — Le Concert.

Composition allégorique. Au centre, une jeune femme pince de la lyre ; autour d'elle, plusieurs figures et amours tenant des instruments de musique, des partitions, chantant ou dansant.

Très beau plafond clair, brillant, de forme contournée avec bordure.

Toile. Haut., 5 m. 30 cent.; larg., 1 m..

2 —

Les quatre angles de ce plafond, qui sont détachés, sont formés chacun par de larges coquilles avec obélisque entouré de guirlandes de fleurs ; à droite et à gauche, des figures de grandeur naturelle, peintes en grisaille ; sur les côtés, des balustrades en partie couvertes par un tapis de Turquie avec quelques oiseaux perchés.

Ces angles sont superbes d'exécution. Ils ont une vigueur et un relief qui les rendent extrêmement remarquables.

Toile.

VERKOLJE

(NICOLAS)

250

3 — Abraham donnant l'hospitalité aux trois voyageurs qui lui annoncent la naissance d'un fils.

Ils sont assis sur la droite, écoutant Abraham qui est debout devant sa demeure ; près d'eux, les restes d'un repas. Sara est sur la porte de la maison.

Toile. Haut., 3 m. 40 cent.; larg., 3 m. 10 cent.

VERKOLJE

(NICOLAS)

(PENDANT DU PRÉCEDENT)

250

4 — Moïse sauvé des eaux.

La fille de Pharaon, vêtue d'une robe de soie blanche avec manteau de velours bleu liseré d'or,

regarde en souriant l'enfant que lui présente une
de ses suivantes; un nègre tient un parasol.
Dans le fond, on aperçoit les monuments de la
ville.

Toile. Haut., 3 m. 40 cent.; larg., 3 m. 10 cent.

VERKOLJE

(NICOLAS)

5 — Rébecca arrivant chez Isaac.

La jeune femme et sa nourrice sont reçues par
Abraham qui est debout devant sa tente; dans le
fond, on aperçoit des serviteurs et des chameaux.

Toile. Haut., 3 m. 40 cent.; larg., 2 m. 50 cent.

VERKOLJE

(NICOLAS)

PENDANT DU PRÉCÉDENT

6 — Jacob chez Laban.

Le vieillard est assis devant sa demeure; le
jeune pâtre se présente à lui, tenant sa houlette,
suivi de ses moutons; sur la droite, se trouve

Rachel appuyée sur une balustrade de pierre ; on aperçoit, dans l'ombre, Lia qui regarde à la porte de la maison.

Au second plan, un homme prend de l'eau à un puits.

Toile. Haut., 3 m. 40 cent.; **larg.**, 2 m. 50 cent.

VERKOLJE

(NICOLAS)

(DEUX PENDANTS)

7 — La Guerre et la Paix.

Grandes figures en grisaille représentant des statues.

Toile. Haut. 3 m. 40 cent.; larg., 1 m.

VERKOLJE

(NICOLAS)

8 — Un Obélisque sur un piédestal qu'une jeune fille entoure de guirlandes d'orangers.

Toile. Haut., 3 m. 40 cent.; larg., 1 m. 20 cent.

WIT

(JACQUES DE)

9 — Bacchus, Ariane et des Amours.

1000

Grisaille imitant un bas-relief.

Dans un cadre rocaillé en bois sculpté.

Toile. Haut., 1 m. 50 cent.; larg., 2 m.

PIERRE

(PENDANT DU PRÉCÉDENT)

10 — Composition allégorique figurant la Guerre.

2000

Au centre, un guerrier victorieux, tenant une épée, est entouré de figures mythologiques ; au-dessous, des officiers étudiant des plans ; à droite, des soldats faisant feu ; à gauche, le siège d'une forteresse.

Belle esquisse pour plafond.

Toile. Haut., 1 m. 33 cent.; larg., 1 m. 18 cent.

PIERRE

11 — Composition allégorique figurant la Paix.

1620

Au centre, Bacchus, Cérès, Mercure, etc. ; au-dessous le Commerce représenté par des hommes chargeant des vaisseaux ; à gauche, la Moisson ; à droite, les Vendanges ; au-dessus, Apollon protégeant les Arts.

Toile. Haut., 1 m. 33 cent.; larg., 1 m. 18 cent.

PIERRE

12 — Composition allégorique.

Au centre, un guerrier entouré de nombreux personnages mythologiques, femmes et amours ; autour, différents sujets représentant les Éléments.

Esquisse pour un plafond.

Toile. Haut., 1 m. 10 cent.; larg., 1 m. 66 cent.

DÉSIGNATION DES OBJETS

TAPISSERIES

Belle suite de quatre tapisseries de Flandre, représentant
diverses scènes d'après Téniers, avec encadrement
d'ornements. Belle conservation.

13 — Scène de danse champêtre. Haut., 3 m.; larg.,
5 m. 75 cent.   5 350

14 — Scène champêtre. Haut., 3 m.; larg., 5 m. 37 cent.   4920

15 — Port de mer et marché au poisson. Haut., 2 m.
90 cent.; larg., 4 m. 40.   4920

16 — Après la chasse. Haut., 3 m.; larg., 4 m. 40 cent.   4920
Elles seront vendues séparément.

Autre belle suite de cinq tapisseries de Flandre, représentant des groupes de divinités de la Fable dans de
beaux paysages. Elles sont encadrées de fleurs d'ornements et de trophées et sont signées, Albert
AVWERCX.

17 — Haut., 3 m. 75 cent.; larg., 5 m. 65 cent.   3600

18 — Haut., 3 m. 75 cent.; larg., 4 m. 75 cent.   3005

3105   19 — Haut., 3 m. 75 cent. ; larg., 3 m.

3010   20 — Haut., 3 m. 75 cent. ; larg., 3 m.

3500   21 — Haut., 3 m. 75 cent. ; larg., 3 m. 90 cent.
            Elles seront vendues séparément.

435   22 — Garniture de meuble en tapisserie à fond vert, festons de fleurs et médaillons de fleurs. Il se compose d'un canapé et de six fauteuils.

145   23 — Garniture de cinq fauteuils en tapisserie à fond blanc à médaillons de personnages et animaux, encadrés de fleurs.

MEUBLES

300   24 — **Deux jolies consoles Louis XV**, en bois sculpté et doré, à trois pieds, composées d'ornements rocaille et de branches de fleurs. Avec dessus de marbre bleu turquin.

420   25 — **Deux trumeaux de glace** en deux volumes, avec cadres composés de branches de palmier, de fleurs et d'ornements rocaille en bois sculpté et doré.

450   26 — Grande glace en deux volumes, avec cadre de même modèle que ceux des trumeaux qui précèdent.

SCULPTURES

27 — Marbre blanc. — Groupe de deux figures, sujet tiré de l'histoire romaine.

28 — Marbre blanc. — Lion couché. Réduction du monument élevé aux cent Suisses à Zurich.

ORFÈVRERIE

29-31 — Trois grandes pièces de surtout en argent ciselé, en forme de coupes ovales, dont deux à couvercle, ornées de branchages, d'animaux, d'oiseaux et de personnages. Deux de ces pièces ont des doubles fonds formant réchaud pour œufs. Elles seront vendues séparément.

32 — Deux statuettes en argent, formant porte-cure-dents. Guerrier et sauvage.

33-34 — Deux porte-coquetiers, garnis chacun de douze coquetiers en argent guilloché et ciselé.

35 — Porte-huilier en argent guilloché.

36 — Deux beurriers en cristal et en argent guilloché.

37 — Une cloche à fromage, en cristal, garnie en argent.

38 — Dix-huit fourchettes à huîtres.

39 — Six couverts en argent uni.

40 — Vingt-quatre couteaux à poisson, en argent.

41 — Vingt-quatre manches à asperges, en argent.

42 — Deux manches à gigot, en argent.

43 — Dix-huit attelets en argent, à têtes ciselées.

44 — Bout de table en argent, à trois places.

45 — Machine à faire le café, en argent guilloché.

46 — Deux ronds de serviette, en argent guilloché.

47 — Deux ciseaux à fruits, en argent.

48 — Dix casse-noisettes garnis en argent guilloché.

49 — Une tasse avec soucoupe, en argent.

50 — Un plat rond en argent.

51 — Deux bouts de table, en argent guilloché.

52 — Un moutardier en forme de vase, en argent guilloché.

53 — Un couvert à salade, en ivoire et en argent.

54 — Deux pinces à asperges.

55 — Neuf pièces diverses en argent, couteaux à fromage, cuillère à sauce, pelles à glace, etc.